AF349753

HOMMAGE A LA MÉMOIRE

DE MADAME

AUGUSTINE DUFRESNE

NÉE A PARIS LE 10 OCTOBRE 1789

RAVIE A SA FAMILLE ET A SES AMIS LE 5 JANVIER 1842

VEUVE

D'ANTOINE JEAN GROS

LE PEINTRE DE JAFFA

PARIS

IMPRIMERIE DE J. CLAYE

RUE SAINT-BENOIT, 7

1859

HOMMAGE A LA MÉMOIRE

DE MADAME

AUGUSTINE DUFRESNE

VEUVE

D'ANTOINE JEAN GROS

HOMMAGE A LA MÉMOIRE

DE MADAME

AUGUSTINE DUFRESNE

NÉE A PARIS LE 10 OCTOBRE 1789

RAVIE A SA FAMILLE ET A SES AMIS LE 5 JANVIER 1842

VEUVE

D'ANTOINE JEAN GROS

LE PEINTRE DE JAFFA

——-o✠o— ...

PARIS

IMPRIMERIE DE J. CLAYE

RUE SAINT-BENOIT, 7

——

1859

HOMMAGE A LA MÉMOIRE

DE

MADAME GROS

———

Madame Augustine Dufresne, baronne Gros, veuve de l'illustre artiste, et mademoiselle Sarazin de Belmont, parcoururent ensemble l'Italie pendant les années 1839, 1840, 1841 : revenues à Paris, dans le courant de cette dernière année, madame Gros y mourut, le 5 janvier 1842, à la suite d'une longue et douloureuse maladie.

Pour rappeler et honorer la mémoire de la meil-
leure des amies, mademoiselle Sarazin de Belmont
a fait quatre tableaux, avec l'intention de les offrir
au musée de Toulouse.

Le premier représente la vue de Florence, prise
de l'église de San Salvatore, près San Miniato.

Le second, la vue de Rome, prise de la villa
Millini, sur le Monte Mario.

Le troisième, la vue de Naples, prise du Vomero,
près la porte de Pausilippe.

C'est de ces trois points que madame Gros aimait
à contempler ces villes!...

Les vertus qu'elle possédait éminemment, la Foi,

l'Espérance, la Charité, sont exprimées par les figures de ces paysages.

Le quatrième tableau est une vue de Paris, prise du cimetière du Père-La-Chaise. Parmi les monuments qui y sont représentés se distinguent principalement le tombeau des familles Gros et Dufresne, et celui de Louis David.

Ces tableaux, offerts à la ville de Toulouse, pour son musée, y ont été précédés, en 1848, par un cénotaphe en marbre blanc, consacré à la mémoire de M. et de madame Gros, composé et exécuté par M. et mademoiselle de Fauveau.

La Notice que l'on va lire a été publiée en 1842, au moment de la mort de madame Gros.

NOTICE

SUR MADAME

AUGUSTINE DUFRESNE

VEUVE

D'ANTOINE JEAN GROS

———

Les véritables amis des arts disparaissent chaque jour ! et leur perte est d'autant plus sensible aux artistes, qu'aujourd'hui personne ne se présente plus guère pour remplir la place de celui qui ne répond plus à l'appel !... Parmi ceux que la mort vient encore de nous enlever, madame la baronne Gros, veuve de notre illustre peintre, laisse un vide qui de longtemps ne sera comblé.

Une âme noble et ingénieusement délicate, un cœur chaud, un esprit aussi modeste qu'élevé, la distinguaient entre tous.

Son amour pour l'art, l'intérêt qu'elle portait aux artistes, faisaient une partie de son existence.

Madame Gros était fille de M. Dufresne, ancien syndic des agents de change. Ses avantages personnels, joints à sa fortune, la firent rechercher par de brillants partis.

En 1809, elle épousa M. Gros, et dès ce moment elle s'associa de cœur et d'âme aux travaux de son illustre époux. La sollicitude avec laquelle elle cherchait à aplanir les moindres obstacles qui pouvaient se rencontrer dans la carrière artistique de Gros était extrême, pendant plus de vingt années, ce fut elle qui prépara chaque jour la palette à laquelle on dut tant de chefs-d'œuvre !

Tout le monde sait avec quelle chaleur M. Gros prenait sous sa protection les artistes dignes de ce nom, avec quel cœur il les défendait, avec quelle bienveillance il les écoutait !... Bien des fois il ne se borna pas à les encourager seulement par des éloges, mais il leur montra, en acquérant leurs ouvrages, le cas qu'il en faisait. Il aimait, dans ces occasions, à consulter sa femme, qui s'associait avec bonheur à ses pensées généreuses.

Ceux qui étaient admis dans leur intimité ont pu

pleinement apprécier, durant les dernières années de la vie de M. Gros, la confiance entière, l'estime réciproque qui existaient entre les deux époux.

Tandis que la France pleurait le grand artiste, sa mémoire était pour sa veuve l'objet d'un véritable culte!..... Tout ce qui lui avait appartenu devint sacré pour elle; les portraits qu'il avait faits d'après lui-même, à différents âges, furent soigneusement réunis; son buste, un des beaux ouvrages de M. Debay père, fut disposé d'une manière monumentale dans le salon de madame Gros, et l'amour de l'art, les encouragements donnés aux artistes, prirent chez elle une extension d'autant plus grande que son âme, aussi religieuse que haute, crut, en exerçant ce patronage, continuer en quelque sorte la pensée de celui dont elle était fière de porter le nom !

Ne l'avons-nous pas vue, avec une persévérance que la mort seule a brisée, lutter de toutes ses forces pour conserver aux peintres le droit de gravure, qu'un pouvoir mercantile s'obstine à leur enlever malgré les prescriptions absolues de la loi !

Madame Gros aimait à couvrir d'un impénétrable mystère ses actes de bienfaisance ! Il en est un grand nombre qui resteront un secret entre elle et Dieu !

Peu de personnes ont bien connu madame Gros !... Une grande défiance d'elle-même, une extrême délicatesse de sentiment, et la crainte de ne pas trouver de cordes sympathiques chez ceux qu'elle rencontrait, l'empêchaient de découvrir les trésors de son âme hors d'un petit cercle d'intimes amis ! Mais aussi ceux-là lui étaient dévoués sans réserve !

aucun d'eux n'aurait hésité à se mettre à sa dis-
crétion, dans la conviction profonde qu'en toute
chose la pensée de madame Gros avait toujours pour
guides l'honneur et la vertu !

J^{ine} SARAZIN DE BELMONT.

www.ingramcontent.com/pod-product-compliance
Lightning Source LLC
LaVergne TN
LVHW010914180726
843502LV00010B/4124